이 속담은 뭐지?! ❷

글 김은경 | **그림** 유난희

찍은날 2024년 11월 8일 초판 1쇄 | **펴낸날** 2024년 11월 21일 초판 1쇄
펴낸이 신광수 | **CS본부장** 강윤구 | **출판개발실장** 위귀영 | **디자인실장** 손현지
만화팀 조은지, 이은녕, 김수지, 노보람, 손주원, 변하영, 김다은, 정수현, 변우현, 정예진
출판디자인팀 최진아, 강륜아 | **저작권 업무** 김마이, 이아람
출판사업팀 이용복, 민현기, 우광일, 김선영, 신지애, 허성배, 이강원, 정유, 정슬기, 정재욱, 박세화, 김종민, 정영묵, 전지현
CS지원팀 봉대중, 이주연, 이형배, 이우성, 전효정, 장현우, 정보길
영업관리파트 홍주희, 이은비, 정은정
펴낸곳 (주)미래엔 서울특별시 서초구 신반포로 321 | **문의** 미래엔 고객센터 1800-8890 팩스 02)541-8249
홈페이지 www.mirae-n.com | **출판등록** 1950년 11월 1일 제16-67호

ISBN 979-11-7311-345-1 77700

파본은 구입처에서 교환해 드리며, 관련 법령에 따라 환불해 드립니다. 다만, 제품 훼손 시 환불이 불가능합니다.
값은 뒤표지에 있습니다.

KC 마크는 이 제품이 공통안전기준에 적합하였음을 의미합니다.
사용 연령: 8세 이상

모지모지
이 속담은 뭐지?! ❷

글 김은경 | 그림 유난희

★ 차례 ★

1화	가는 날이 장날	8
2화	겉 다르고 속 다르다	12
3화	구더기 무서워 장 못 담글까	16
4화	꾸어다 놓은 보릿자루	20
5화	나는 바담 풍 해도 너는 바람 풍 해라	24
★ 재미난 속담 퀴즈 ★		28
6화	남의 잔치에 감 놓아라 배 놓아라 한다	30
7화	낫 놓고 기역 자도 모른다	34
8화	닭 잡아먹고 오리발 내놓기	38
9화	닭 쫓던 개 지붕 쳐다보듯	42
10화	될성부른 나무는 떡잎부터 알아본다	46
★ 재미난 속담 퀴즈 ★		50

11화	뛰는 놈 위에 나는 놈 있다	52
12화	못 먹는 감 찔러나 본다	56
13화	미꾸라지 한 마리가 온 웅덩이를 흐려 놓는다	60
14화	믿는 도끼에 발등 찍힌다	64
15화	뱁새가 황새를 따라가면 다리가 찢어진다	68

⭐ **재미난 속담 퀴즈** ⭐ ⋯ 72

16화	번갯불에 콩 볶아 먹겠다	74
17화	빛 좋은 개살구	78
18화	서당 개 삼 년에 풍월을 읊는다	82
19화	소 뒷걸음질 치다 쥐 잡기	86
20화	순풍에 돛을 단 배	90

⭐ **재미난 속담 퀴즈** ⭐ ⋯ 94

21화	싼 것이 비지떡	96
22화	앓던 이 빠진 것 같다	100
23화	울며 겨자 먹기	104
24화	자라 보고 놀란 가슴 솥뚜껑 보고 놀란다	108
25화	콩으로 메주를 쑨다 하여도 곧이듣지 않는다	112

⭐ **재미난 속담 퀴즈** ⭐ ⋯ 116

⭐ **정답** ⭐ ⋯ 118

★등장인물★

바두기

긍정적인 성격이 최고 장점이지만, 먹는 것에 욕심을 내는 경우가 있어 친구에게 핀잔을 듣기도 한다.

하루

요리를 굉장히 좋아한다. 다만 자신의 감대로 요리를 하는 바람에 때로는 요리를 망치기도 한다.

지핑크

춤을 잘 추고 싶어 하지만, 유연성이 좋지 않아 좀처럼 실력이 늘지 않는다.

에스라지

팔다리가 자유자재로 늘어나는 능력이 있어, 곤란에 빠진 친구들을 손쉽게 도와준다.

싹수

궁금한 것이 생기면 마법 구슬에 물어본다. 때때로 알 수 없는 이유로 엉뚱한 답이 나오기도 한다.

1화

가는 날이 장날

가는 날이 장날

이 속담의 뜻은 뭐지 뭐지?!

어떤 일을 하려고 했는데, 뜻하지 않은 일이 우연히 일어난다는 뜻이에요. 지핑크가 컵케이크를 사 먹으려고 운동까지 미룬 채 빵집에 갔는데, 하필 가게가 쉬는 날이었던 것처럼 말이에요. 그러나 이 속담은 지핑크의 상황과 반대로 좋은 일을 우연히 겪었을 때에도 사용된답니다.

같은 단어가 쓰인 속담을 알아볼까?

넘어진 김에 쉬어 간다

뜻하지 않은 기회를 만나
하려 했던 일을 한다는 말

친구 따라 강남 간다

자신은 하고 싶지 않지만
남에게 끌려 하게 된다는 말

빈칸에 속담을 써 보자!

가	는		날	이		장	날		

2화
겉 다르고 속 다르다

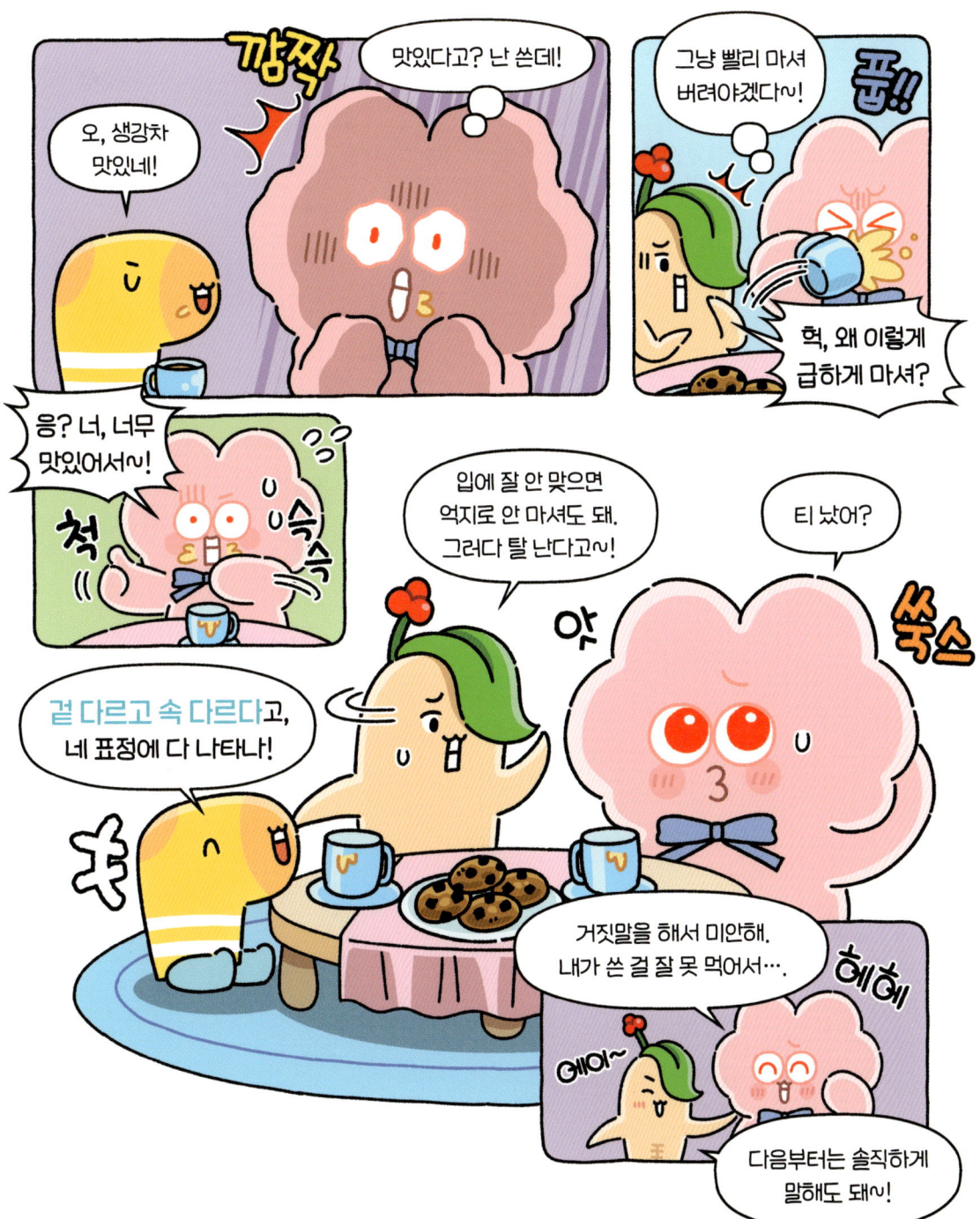

속담 더 알아보기

겉 다르고 속 다르다

이 속담의 뜻은 뭐지 뭐지?!

마음속으로는 내키지 않으나, 겉으로는 좋은 것처럼 행동한다는 뜻이에요. 에스라지의 정성을 생각하여 입에 맞지 않는 생강차를 꿀꺽꿀꺽 마셔 버린 지핑크의 모습처럼 말이에요. 그 외에도 이 속담은 '겉으로 드러나는 행동과 마음속에 품은 생각이 서로 다르다'는 의미도 담고 있답니다.

같은 단어가 쓰인 속담을 알아볼까?

수박 겉 핥기

겉만 건드리고 속 내용은
손대지 않음을 이르는 말

겉이 고우면 속도 곱다

겉보기에 훌륭하면
내용도 그만큼 좋다는 말

빈칸에 속담을 써 보자!

| 겉 | 다르고 | 속 | 다르 |
| 다 | | | |

구더기 무서워 장 못 담글까

 속담 더 알아보기

구더기 무서워 장 못 담글까

이 속담의 뜻은 뭐지 뭐지?!

고추장, 된장 등의 장은 장독에 넣고 오래 두었다 먹기 때문에 구더기가 생기기도 해요. 그러나 구더기가 생긴 부분만 걷어 내면 큰 문제없는 데다 장은 한식의 필수 양념이니, 구더기 걱정 때문에 장을 안 담글 수는 없겠죠? 즉, 이 속담은 방해되는 것이 있다 하더라도 할 일은 해야 한다는 뜻이에요.

같은 단어가 쓰인 속담을 알아볼까?

오뉴월 상한 고기에 구더기 끓듯
동물이나 사람이 빽빽하게
모인 모습을 비유하는 말

말 많은 집은 장맛도 쓰다
집안에 잔말이 많으면
살림이 잘 안된다는 말

빈칸에 속담을 써 보자!

| 구 | 더 | 기 | | 무 | 서 | 워 | | 장 | |
| 못 | | 담 | 글 | 까 | | | | | |

꾸어다 놓은 보릿자루

속담 더 알아보기

꾸어다 놓은 보릿자루

보릿자루
보리가 담겨 있는 주머니.

이 속담의 뜻은 뭐지 뭐지?!

여럿이 모여 있는 자리에서 아무런 말도 하지 않고 한쪽에 가만히 있는 사람을 말해요. 마치 꾸어다 한쪽 구석에 가만히 놓아 둔 보릿자루의 모습처럼 말이에요. 여기서 '꾸다'는 남에게 빌리다는 뜻이랍니다. 비슷한 속담으로는 '개밥에 도토리'가 있어요.

같은 단어가 쓰인 속담을 알아볼까?

관청에 잡아다 놓은 닭
낯선 곳에 끌려와 어리둥절해하는 사람을 비유적으로 이르는 말

받아 놓은 밥상
일이 어긋나지 않을 것이라 확신하는 경우를 비유적으로 이르는 말

빈칸에 속담을 써 보자!

꾸	어	다		놓	은		보	릿	자
루									

나는 바담 풍 해도 너는 바람 풍 해라

속담 더 알아보기

나는 바담 풍 해도 너는 바람 풍 해라

이 속담의 뜻은 뭐지 뭐지?!

자신이 잘못된 행동을 하더라도 상대방에게는 잘하라고 요구한다는 뜻이에요. 자기 마음대로 쿠키를 만든 하루가 다른 친구들에게 정해진 요리법으로 쿠키를 만들라고 하는 것처럼 말이지요. 만에 하나 비슷한 일이 생긴다면 자신부터 제대로 행동하는 것이 좋겠지요?

같은 단어가 쓰인 속담을 알아볼까?

바람도 지난 바람이 낫다

사람은 무엇이든 예전의 것을 더 좋아한다는 말

바람 앞의 등불

언제 바람에 꺼질지 모를 등불처럼 위태로운 상황에 놓였다는 말

빈칸에 속담을 써 보자!

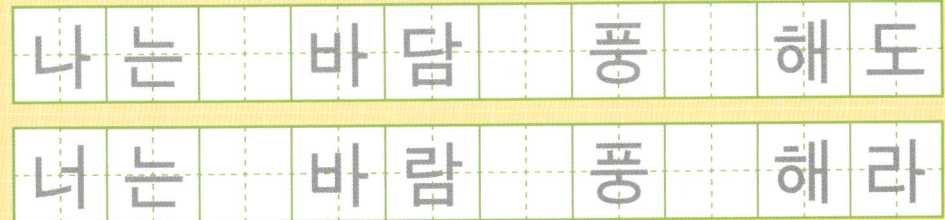

재미난 속담 퀴즈

 보기를 보고 빈칸에 들어갈 알맞은 단어를 골라 써 보세요.

1 나는 바담 풍 해도 너는 바람 ▢ 해라

2 꾸어다 놓은 ▢▢▢▢

3 ▢▢▢ 무서워 장 못 담글까

4 ▢ 다르고 ▢ 다르다

5 가는 날이 ▢▢

보기 구더기 / 풍 / 겉 / 보릿자루 / 장날 / 속

 **OX 퀴즈** 다음 설명이 맞으면 O, 틀리면 X를 고르세요.

'겉 다르고 속 다르다'는 마음속으로는 내키지 않으나, 겉으로는 좋은 것처럼 행동한다는 뜻이에요.

'가는 날이 장날'은 어떤 일을 하려고 했는데, 뜻하지 않은 일이 우연히 일어난다는 뜻이에요.

 **작대기 퀴즈** 다음 속담과 어울리는 그림을 서로 연결해 주세요.

수박 겉 핥기 • •

바람 앞의 등불 • •

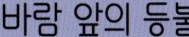 ＊ 정답 118쪽 ＊

남의 잔치에 감 놓아라 배 놓아라 한다

속담 더 알아보기

남의 잔치에
감 놓아라 배 놓아라 한다

 **이 속담의 뜻은 뭐지 뭐지?!**

남의 일에 나서서 이래라저래라 참견하는 것을 뜻해요. 춤을 잘 추고 싶다는 지핑크의 말에, 춤보다는 잘하는 운동에 더 힘쓰는 것이 좋겠다고 말하는 싹수처럼요. 자신이 하고 싶은 일이 있다면 남의 참견에 휩쓸려 포기해 버리기보다는, 스스로 도전해 보는 것이 좋겠지요?

 ## 같은 단어가 쓰인 속담을 알아볼까?

소문난 잔치에 먹을 것 없다

소문이 실제와 같지 않은 경우를 이르는 말

***잔나비 잔치다**

남을 흉내 낸 것이 자신에게 안 어울리는 경우를 이르는 말

 ## 빈칸에 속담을 써 보자!

남	의		잔	치	에		감		놓
아	라		배		놓	아	라		한
다									

* 잔나비 원숭이를 뜻하는 말.

낫 놓고 기역 자도 모른다

오늘은 간식을 만들어 볼 거야!

뭐냐면, 바로 내 얼굴이 그려진 '오하루 토스트'!

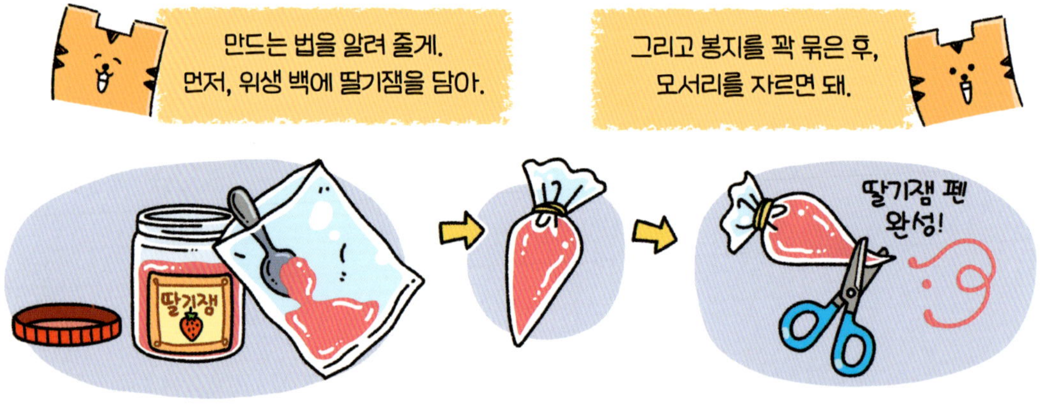

만드는 법을 알려 줄게. 먼저, 위생 백에 딸기잼을 담아.

그리고 봉지를 꽉 묶은 후, 모서리를 자르면 돼.

딸기잼 펜 완성!

그럼 이제 빵을 구워 볼까?
프라이팬에 식빵을 올리고
앞뒤로 노릇하게 구워 주면 돼.

앗, 그새 빵이
다 타 버렸잖아?!

윽, 뒤집개를 눈앞에 두고도
식빵을 태우다니. 이 상황 마치,
낫 놓고 기역 자도 모른다잖아?!

속담 더 알아보기

낫 놓고 기역 자도 모른다

낫
풀이나 벼, 보리 등을 베는 농사 기구.

 이 속담의 뜻은 뭐지 뭐지?!

'기역(ㄱ)' 자 모양으로 생긴 낫을 보고도 기역 자를 모른다는 뜻이에요. 즉, 아주 무식하다는 의미랍니다. 뒤집개를 코앞에 두고도 음식을 뒤집는 요리 기구가 무엇인지 곧바로 떠올리지 못하고 멈칫하는 하루의 상황이 마치 이 속담과 비슷하지요.

같은 단어가 쓰인 속담을 알아볼까?

낫으로 눈을 가린다
미련하고 슬기롭지 못한 행동을 이르는 말

속으로 기역 자를 긋는다
어떤 일에 대해 마음속으로 결정지음을 이르는 말

 **빈칸에 속담을 써 보자!**

| 낫 | 놓 | 고 | | 기 | 역 | | 자 | 도 |
| 모 | 른 | 다 | | | | | | |

닭 잡아먹고 오리발 내놓기

속담 더 알아보기

닭 잡아먹고 오리발 내놓기

 이 속담의 뜻은 뭐지 뭐지?!

바르지 못한 행동을 해 놓고 얼렁뚱땅 남을 속여 넘기려 함을 뜻해요. 쿠키를 하루의 허락 없이 먹어 놓고, 자신이 안 먹은 척 거짓말을 한 싹수의 행동처럼 말이에요. 이처럼 황당한 핑곗거리를 대며 거짓말을 하는 것은 결코 좋은 행동이 아니랍니다.

 **같은 단어가 쓰인 속담을 알아볼까?**

닭 소 보듯, 소 닭 보듯
서로가 서로에게 전혀 관심이 없는 사이를 이르는 말

닭 길러 족제비 좋은 일 시킨다
열심히 해 온 일이 다른 이에게만 좋은 일이 되어 버렸다는 말

 **빈칸에 속담을 써 보자!**

| 닭 | | 잡 | 아 | 먹 | 고 | | 오 | 리 | 발 |
| 내 | 놓 | 기 | | | | | | | |

닭 쫓던 개 지붕 쳐다보듯

속담 더 알아보기

닭 쫓던 개 지붕 쳐다보듯

 이 속담의 뜻은 뭐지 뭐지?!

개가 쫓던 닭이 지붕으로 올라가자, 따라서 올라가지는 못하고 닭이 있는 지붕만 쳐다본다는 뜻이에요. 즉, 공들이던 일이 허무하게 실패로 돌아갔음을 의미하는 속담이지요. 지핑크가 모래사장에 열심히 그린 낙서가 파도에 휩쓸려 순식간에 사라진 것처럼 말이에요.

같은 단어가 쓰인 속담을 알아볼까?

개 팔자가 상팔자

차라리 개가 부러울 정도로 상황이 고생스러움을 이르는 말

개 고양이 보듯

사이가 안 좋아서 서로 경계하는 모습을 이르는 말

 ## 빈칸에 속담을 써 보자!

| 닭 | 쫓 | 던 | | 개 | | 지 | 붕 |
| 쳐 | 다 | 보 | 듯 | | | | |

될성부른 나무는 떡잎부터 알아본다

 **속담 더 알아보기**

될성부른 나무는 떡잎부터 알아본다

 **이 속담의 뜻은 뭐지 뭐지?!**

'될성부르다'는 잘될 가능성이 있어 보인다는 뜻이고, '떡잎'은 씨앗에서 맨 처음 나오는 잎을 뜻해요. 즉, 이 속담은 잘될 사람은 어려서부터 남다른 모습을 드러낸다는 뜻이지요. 마치 건장한 모습을 한 아기 새가 정말로 듬직한 새가 되어 에스라지의 앞에 다시 나타난 것처럼 말이에요.

 ## 같은 단어가 쓰인 속담을 알아볼까?

뿌리 없는 나무에 잎이 필까

원인이 없으면 결과가 있을 수 없다는 말

떡잎에 황이 들다

기운이 약해진 모습을 비유적으로 이르는 말

 ## 빈칸에 속담을 써 보자!

될성부른 나무는 떡잎부터 알아본다

* 황 식물이 누레지는 병.

재미난 속담 퀴즈

 보기를 보고 빈칸에 들어갈 알맞은 단어를 골라 써 보세요.

1 남의 잔치에 ▢ 놓아라 ▢ 놓아라 한다

2 닭 쫓던 ▢ 지붕 쳐다보듯

3 될성부른 나무는 ▢▢부터 알아본다

4 ▢ 잡아먹고 오리발 내놓기

5 ▢ 놓고 기역 자도 모른다

보기 닭 / 낫 / 배 / 떡잎 / 개 / 감

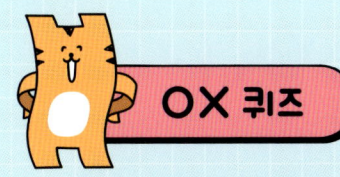 **OX 퀴즈** 다음 설명이 맞으면 O, 틀리면 X를 고르세요.

'낫 놓고 기역 자도 모른다'는 아는 것이 아주 많다는 뜻이에요.

'닭 쫓던 개 지붕 쳐다보듯'은 공들이던 일이 허무하게 실패로 돌아갔다는 뜻이에요.

 **작대기 퀴즈** 다음 속담과 어울리는 그림을 서로 연결해 주세요.

잔나비 잔치다 •

낫으로 눈을 가린다 •

* 정답 118쪽 *

뛰는 놈 위에 나는 놈 있다

속담 더 알아보기

뛰는 놈 위에 나는 놈 있다

 **이 속담의 뜻은 뭐지 뭐지?!**

아무리 뛰어난 재주가 있다 하더라도, 그보다 더 잘하는 사람이 분명히 있다는 뜻이에요. 배드민턴공을 꺼낼 수 있다고 큰소리친 지핑크가 해내지 못한 일을 손쉽게 해결해 버린 에스라지처럼 말이에요. 그러므로 잘난 척을 과하게 하지 않도록 주의하는 것이 좋겠지요?

같은 단어가 쓰인 속담을 알아볼까?

뛰는 토끼 잡으려다 잡은 토끼 놓친다

욕심을 내다 이미 이룬 것도 못 쓰게 된다는 말

방귀 뀐 놈이 성낸다

잘못을 저지른 사람이 도리어 남에게 화를 낸다는 말

 ## 빈칸에 속담을 써 보자!

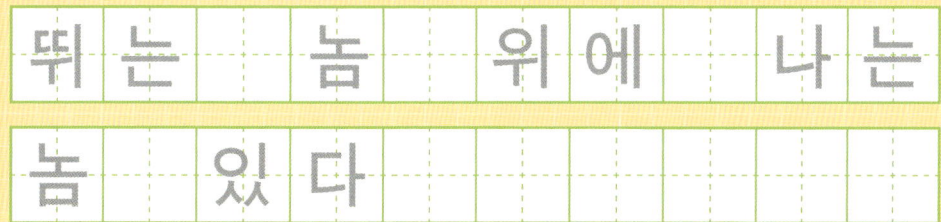

뛰는 놈 위에 나는 놈 있다

못 먹는 감 찔러나 본다

12화

속담 더 알아보기

못 먹는 감 찔러나 본다

이 속담의 뜻은 뭐지 뭐지?!

자신이 갖지 못할 바에는 남도 갖지 못하게 망가뜨리는 마음을 뜻해요. 지금 컵케이크를 먹지 않으면 자신의 것이 없을 것 같다고 생각한 바두기가 배가 부름에도 불구하고, 여러 가지 맛의 컵케이크를 죄다 한 입씩 먹어 버려서 다른 친구들이 컵케이크를 못 먹게 된 것처럼 말이에요.

 **같은 단어가 쓰인 속담을 알아볼까?**

제 앞에 큰 감 놓는다
여럿 사이에서 혼자
이기적인 행동을 한다는 말

옆찔러 절받기
상대편에게 대접을 요구하여
억지로 대접받는다는 말

 빈칸에 속담을 써 보자!

못		먹	는		감		찔	러	나
본	다								

속담 더 알아보기

미꾸라지 한 마리가 온 웅덩이를 흐려 놓는다

 이 속담의 뜻은 뭐지 뭐지?!

한 사람의 부적절한 행동이 주변의 사람들에게 좋지 않은 영향을 미친다는 뜻이에요. 다 같이 가꾸는 화단에 물을 주는 상황에서, 물을 대충 주고 놀이터에 놀러 가 버리자는 바두기로 인해 화단 관리에 대한 친구들의 책임감이 흐려진 것처럼 말이에요.

같은 단어가 쓰인 속담을 알아볼까?

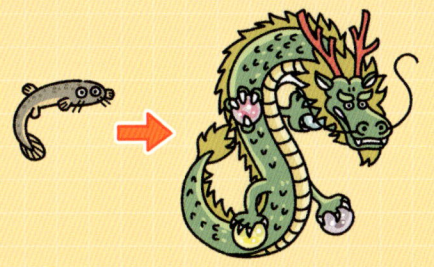

미꾸라지 용 됐다
보잘것없던 사람이
크게 성공했다는 말

가뭄철 물웅덩이의 올챙이 신세
곧 죽게 될 운명에
놓인 처지라는 말

 빈칸에 속담을 써 보자!

믿는 도끼에 발등 찍힌다

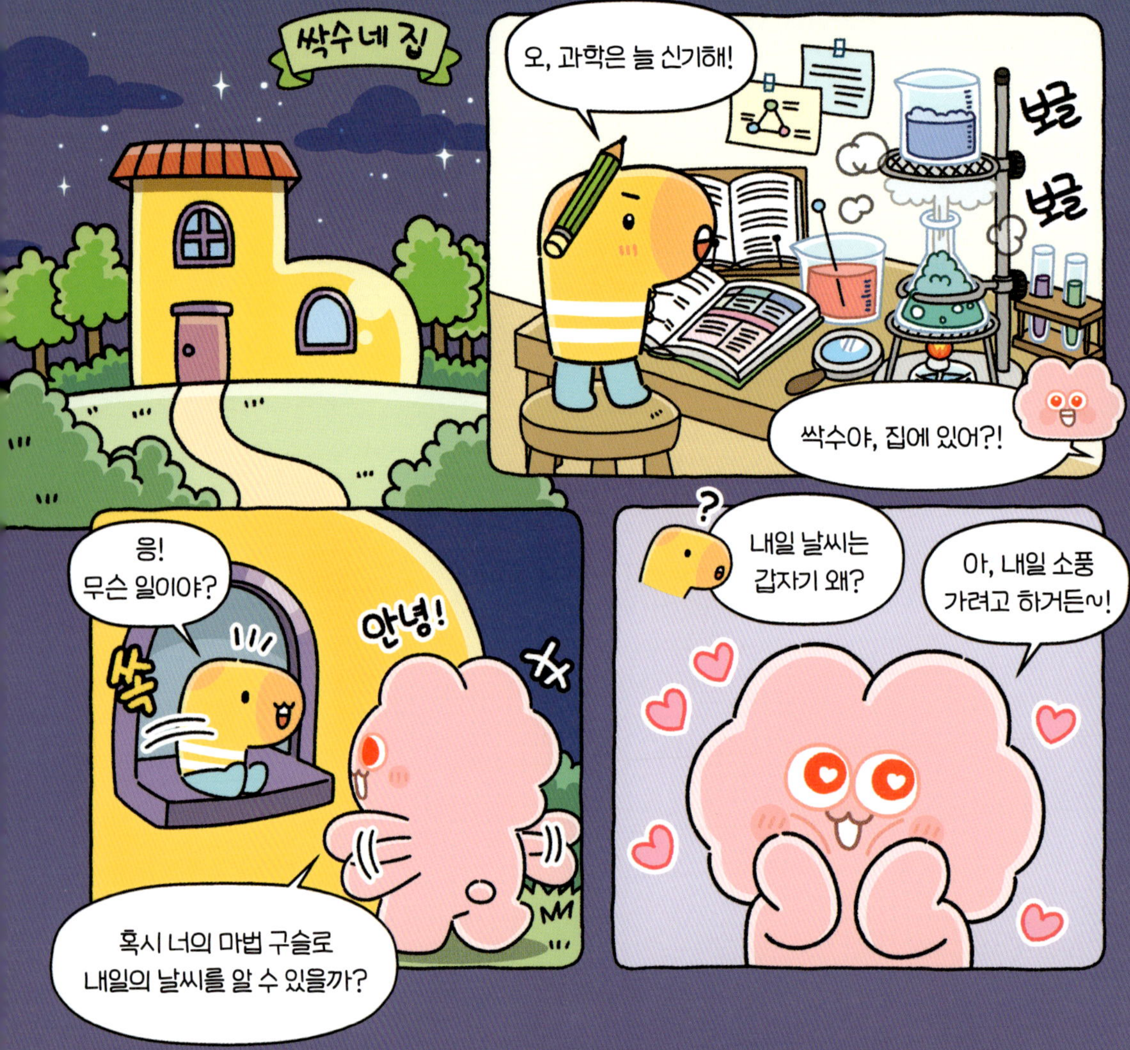

속담 더 알아보기

믿는 도끼에 발등 찍힌다

 이 속담의 뜻은 뭐지 뭐지?!

자신의 편이라고 생각한 사람의 말을 믿었다가 도리어 피해를 입은 상황을 뜻해요. 하루 종일 날씨가 맑을 거라던 싹수의 말만 믿고 소풍을 간 지핑크가 비에 쫄딱 젖어 버린 상황처럼 말이에요. 또 이 속담은 정말 잘될 것이라 믿은 일이 어긋날 때에도 쓰인답니다.

같은 단어가 쓰인 속담을 알아볼까?

도끼 삶은 물

아무 맛도 없는 것을
비유적으로 이르는 말

발등에 오줌 싼다

엄청 바쁜 상황을
비유적으로 이르는 말

 빈칸에 속담을 써 보자!

믿	는		도	끼	에		발	등	
찍	힌	다							

뱁새가 황새를 따라가면 다리가 찢어진다

속담 더 알아보기

뱁새가 황새를 따라가면 다리가 찢어진다

 **이 속담의 뜻은 뭐지 뭐지?!**

뱁새는 몸집이 약 13cm인 작은 새이고, 황새는 뱁새에 비해 몸집이 10배나 큰 데다 다리도 매우 긴 새예요. 그러니 뱁새가 아무리 종종걸음으로 뒤쫓아도 성큼성큼 걷는 황새를 따라잡기는 쉽지 않겠지요? 이처럼 힘에 부치는 일을 억지로 하면 도리어 피해를 입을 수 있다는 뜻이에요.

 ## 같은 단어가 쓰인 속담을 알아볼까?

싱겁기는 황새 똥구멍이라
사람이 다소 엉뚱함을
비유적으로 이르는 말

남의 다리 긁는다
기껏 한 일이 결국
남에게 좋은 일이 되었다는 말

 ## 빈칸에 속담을 써 보자!

뱁새가 황새를 따라가면 다리가 찢어진다

재미난 속담 퀴즈

빈칸 퀴즈 보기를 보고 빈칸에 들어갈 알맞은 단어를 골라 써 보세요.

1 미꾸라지 한 마리가 온 ☐☐☐를 흐려 놓는다

2 뛰는 놈 위에 나는 ☐ 있다

3 ☐☐가 황새를 따라가면 다리가 찢어진다

4 믿는 도끼에 ☐☐ 찍힌다

5 못 먹는 ☐ 찔러나 본다

보기 뱁새 / 놈 / 발등 / 감 / 웅덩이

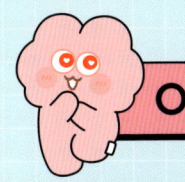

OX 퀴즈

다음 설명이 맞으면 O, 틀리면 X를 고르세요.

'믿는 도끼에 발등 찍힌다'는 자신의 편을 믿은 후 좋은 일이 생긴 상황을 뜻해요.

'못 먹는 감 찔러나 본다'는 자신이 갖지 못할 바에는 남도 못 갖게 망가뜨리는 마음을 뜻해요.

작대기 퀴즈

다음 속담과 어울리는 그림을 서로 연결해 주세요.

뛰는 토끼 잡으려다 잡은 토끼 놓친다 • •

제 앞에 큰 감 놓는다 • •

* 정답 119쪽 *

16화

번갯불에 콩 볶아 먹겠다

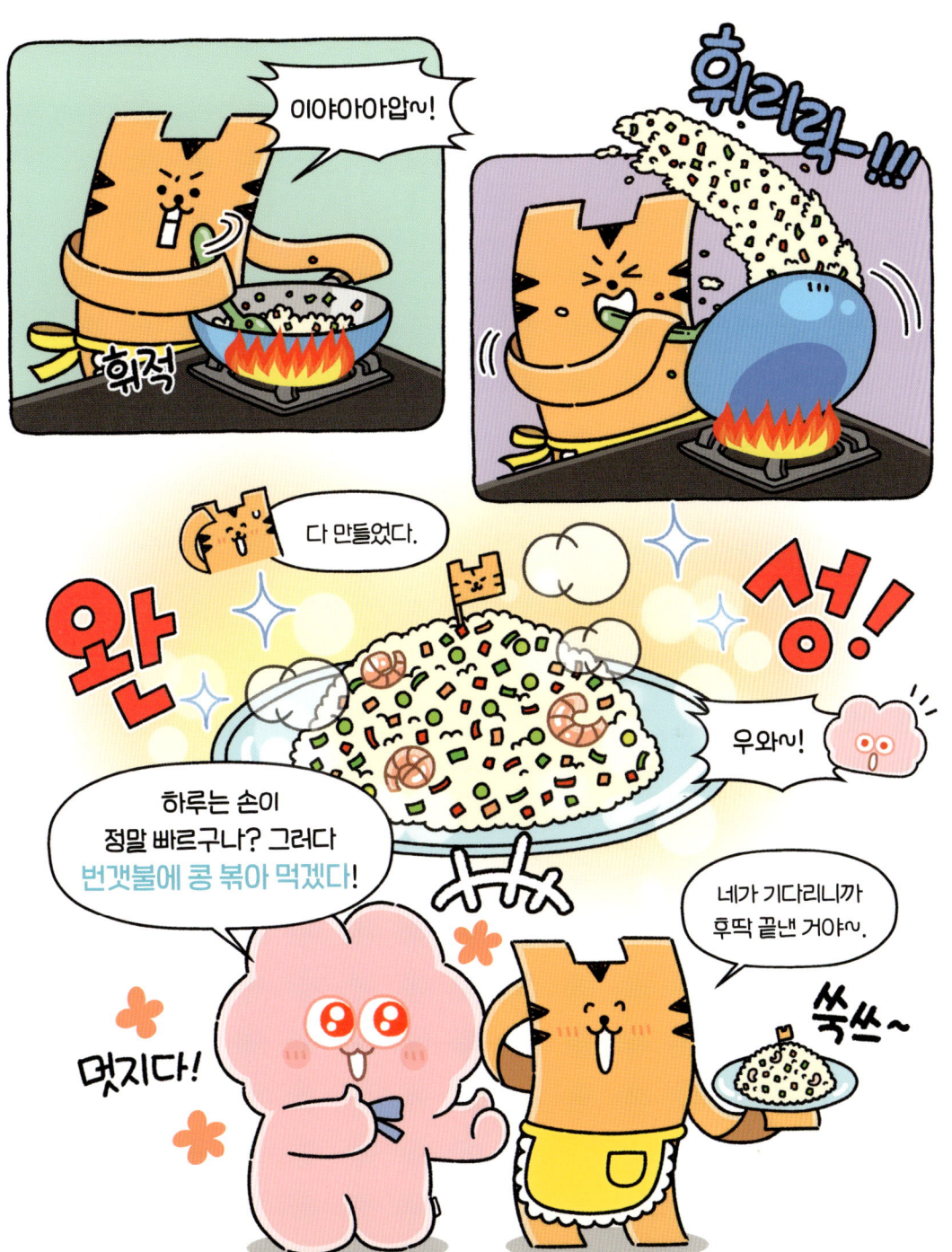

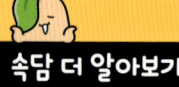
속담 더 알아보기

번갯불에 콩 볶아 먹겠다

 **이 속담의 뜻은 뭐지 뭐지?!**

'번갯불'은 번개가 칠 때 번쩍이는 빛을 말해요. 번쩍하고 순식간에 사라지는 번갯불에 콩을 볶아 먹겠다는 것은 그만큼 행동이 엄청나게 빠르다는 의미지요. 지핑크가 자리에 앉은 지 얼마 지나지 않아 순식간에 볶음밥을 완성해 낸 하루의 모습처럼 말이에요.

 ## 같은 단어가 쓰인 속담을 알아볼까?

번개가 잦으면 천둥을 한다

어떤 징조가 계속되면 반드시
그 일이 생긴다는 것을 이르는 말

콩 났네 팥 났네 한다

대수롭지 않은 일로
서로 싸우는 경우를 이르는 말

 ## 빈칸에 속담을 써 보자!

| 번 | 갯 | 불 | 에 | | 콩 | | 볶 | 아 |
| 먹 | 겠 | 다 | | | | | | |

빛 좋은 개살구

와, 사과가 가득 열렸네~!

반짝 반짝

후다닥

잔뜩 따 가서 사과청을 담그면 딱이겠어!

헤헤

속담 더 알아보기

빛 좋은 개살구

 **이 속담의 뜻은 뭐지 뭐지?!**

개살구는 개살구나무의 열매로, 살구와 비슷하게 생겼지만 빛깔이 붉어 훨씬 더 맛있어 보여요. 그러나 겉보기에 비해, 맛은 살구보다 시고 떫답니다. 즉, 이 속담은 겉보기만 그럴듯하고 쓸데없는 경우를 의미해요. 지핑크가 탐스러운 사과를 열심히 땄지만 결국 못 먹게 된 것처럼 말이에요.

 ## 같은 단어가 쓰인 속담을 알아볼까?

옥석도 닦아야 빛이 난다
아무리 재능이 있어도 노력을 해야
원하는 바를 이룰 수 있다는 말

개살구도 맛 들일 탓
정을 붙이면 싫던 것도
점차 좋아진다는 말

 ## 빈칸에 속담을 써 보자!

빛		좋	은		개	살	구		

* **옥석** 옥이 들어 있는 돌.

서당 개 삼 년에 풍월을 읊는다

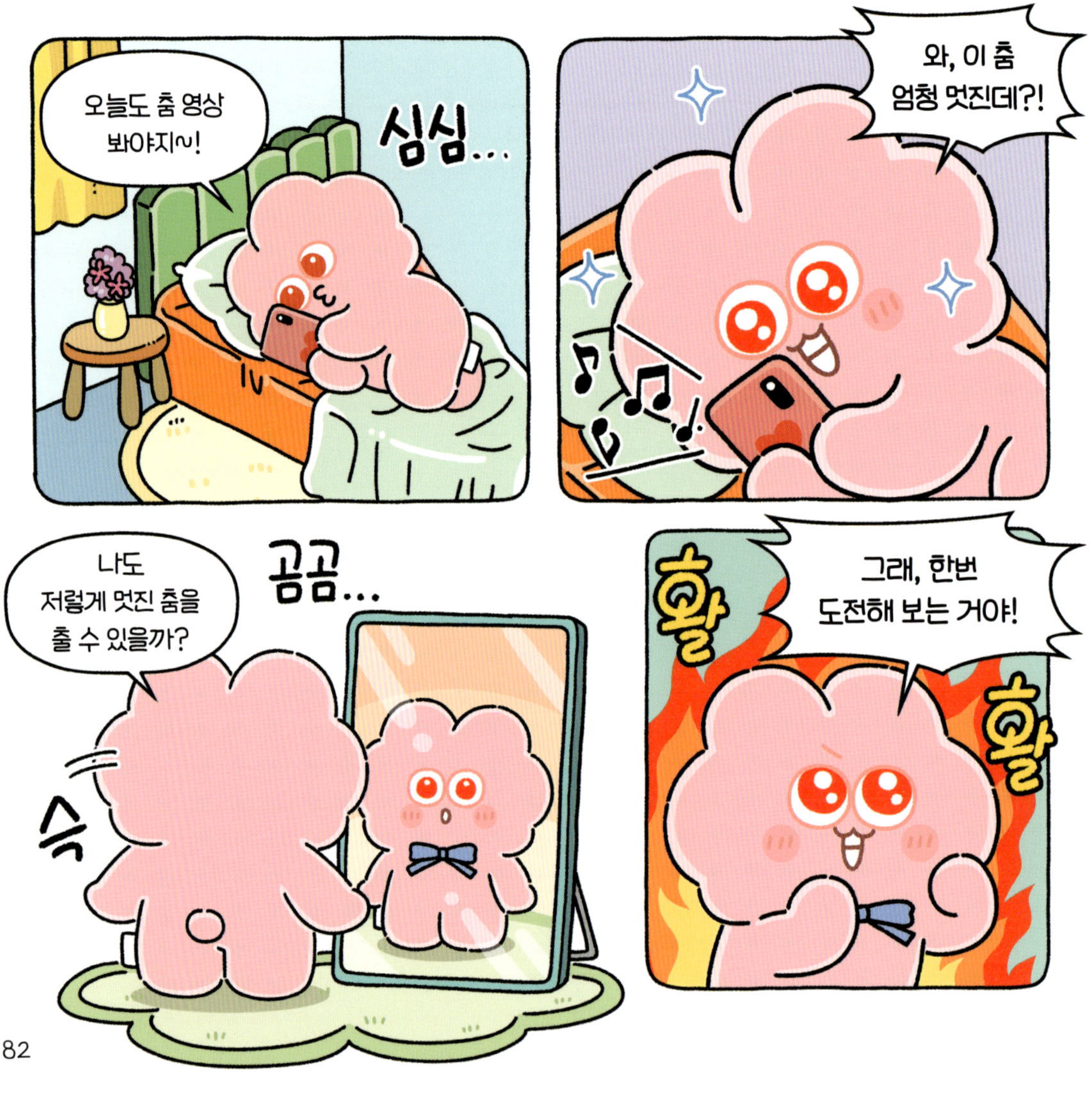

속담 더 알아보기

서당 개 삼 년에 풍월을 읊는다

 이 속담의 뜻은 뭐지 뭐지?!

서당에서 삼 년간 매일 글 읽는 소리를 듣다 보면 개도 글 읽는 소리를 낼 수 있다는 뜻이에요. 다시 말해 어떤 분야에 대해 아는 것이 없어도, 곁에서 지켜보면 어느 정도의 지식을 갖게 된다는 것을 의미하지요. 춤 영상을 보며 따라 하다가 춤을 잘 추게 된 지핑크처럼 말이에요.

 **같은 단어가 쓰인 속담을 알아볼까?**

서당 아이들은 초달에 매여 산다

벌이 엄해야 질서가
제대로 잡힌다는 말

쭈그렁밤송이 삼 년 간다

약해 보이는 것이 생각보다
오래간다는 말

 **빈칸에 속담을 써 보자!**

| 서 | 당 | 개 | 삼 | 년 | 에 | | |
| 풍 | 월 | 을 | | 읊 | 는 | 다 | |

* **초달** 잘못을 벌하기 위해 회초리로 종아리를 때림.

소 뒷걸음질 치다 쥐 잡기

속담 더 알아보기

소 뒷걸음질 치다 쥐 잡기

 **이 속담의 뜻은 뭐지 뭐지?!**

예로부터 쥐는 곡식을 훔쳐 먹고 병균을 옮기기도 해 사람에게 해로운 동물로 여겨졌어요. 그런 골칫덩어리 쥐를 소가 뒷걸음을 치다가 잡았으니 오히려 좋은 일이지요? 우연히 싹수를 쫓는 벌떼들을 내쫓은 지핑크의 행동도 마찬가지고요. 이처럼 '소 뒷걸음질 치다 쥐 잡기'는 우연히 공을 세웠을 때 쓰는 속담이에요.

 **같은 단어가 쓰인 속담을 알아볼까?**

소 가는 데 말도 간다
남이 할 수 있으면
나도 할 수 있다는 말

쥐가 쥐 꼬리를 물고
사람들이 줄지어
나오는 모습을 이르는 말

 **빈칸에 속담을 써 보자!**

소		뒷	걸	음	질		치	다	
쥐		잡	기						

순풍에 돛을 단 배

김밥은 만들기 제법 까다로운 요리인데요. 오늘 제가 한번 도전해 보겠습니다!

야자야자 파이팅!

우선 김밥용 김, 간을 맞춰 양념한 밥, 참기름, 단무지, 당근, 시금치, 햄, 계란지단을 준비해 주세요.

김밥재료

밥
김
참기름
단무지 당근 시금치 햄 계란지단

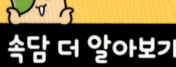
속담 더 알아보기

순풍에 돛을 단 배

 **이 속담의 뜻은 뭐지 뭐지?!**

'순풍'은 배가 가는 쪽으로 부는 바람을 말해요. 순풍이 불 때 배에 돛을 달면 큰 힘을 들이지 않아도 배가 빨리 달리겠지요? 즉, 일이 뜻하는 대로 순조롭게 진행된다는 속담이랍니다. 하루가 준비한 대로 김밥을 뚝딱 완성한 것처럼 말이에요. 같은 뜻의 속담으로는 '순풍에 돛을 달다'가 있어요.

 ## 같은 단어가 쓰인 속담을 알아볼까?

나루 건너 배 타기

무슨 일이든 순서가
있음을 의미하는 말

뭍에서 배 부린다

도저히 안 될 일을
하고 있음을 의미하는 말

 ## 빈칸에 속담을 써 보자!

| 순 | 풍 | 에 | | 돛 | 을 | | 단 | | 배 |

| | | | | | | | | | |

* 뭍 강, 바다 등 물을 제외한 지구의 겉면.

재미난 속담 퀴즈

 보기를 보고 빈칸에 들어갈 알맞은 단어를 골라 써 보세요.

1 번갯불에 ☐ 볶아 먹겠다

2 ☐ 좋은 개살구

3 서당 ☐ 삼 년에 풍월을 읊는다

4 ☐ 뒷걸음질 치다 ☐ 잡기

5 ☐☐에 돛을 단 배

보기 순풍 / 개 / 쥐 / 빛 / 소 / 콩

OX 퀴즈 다음 설명이 맞으면 O, 틀리면 X를 고르세요.

'빛 좋은 개살구'는 겉보기만 그럴듯하고 쓸데없는 경우를 뜻해요.   O X

'순풍에 돛을 단 배'는 일이 순조롭게 진행되지 않음을 뜻해요.   O X

작대기 퀴즈 다음 속담과 어울리는 그림을 서로 연결해 주세요.

번개가 잦으면 천둥을 한다 •   •

소 가는 데 말도 간다 •   •

* 정답 119쪽 *

싼 것이 비지떡

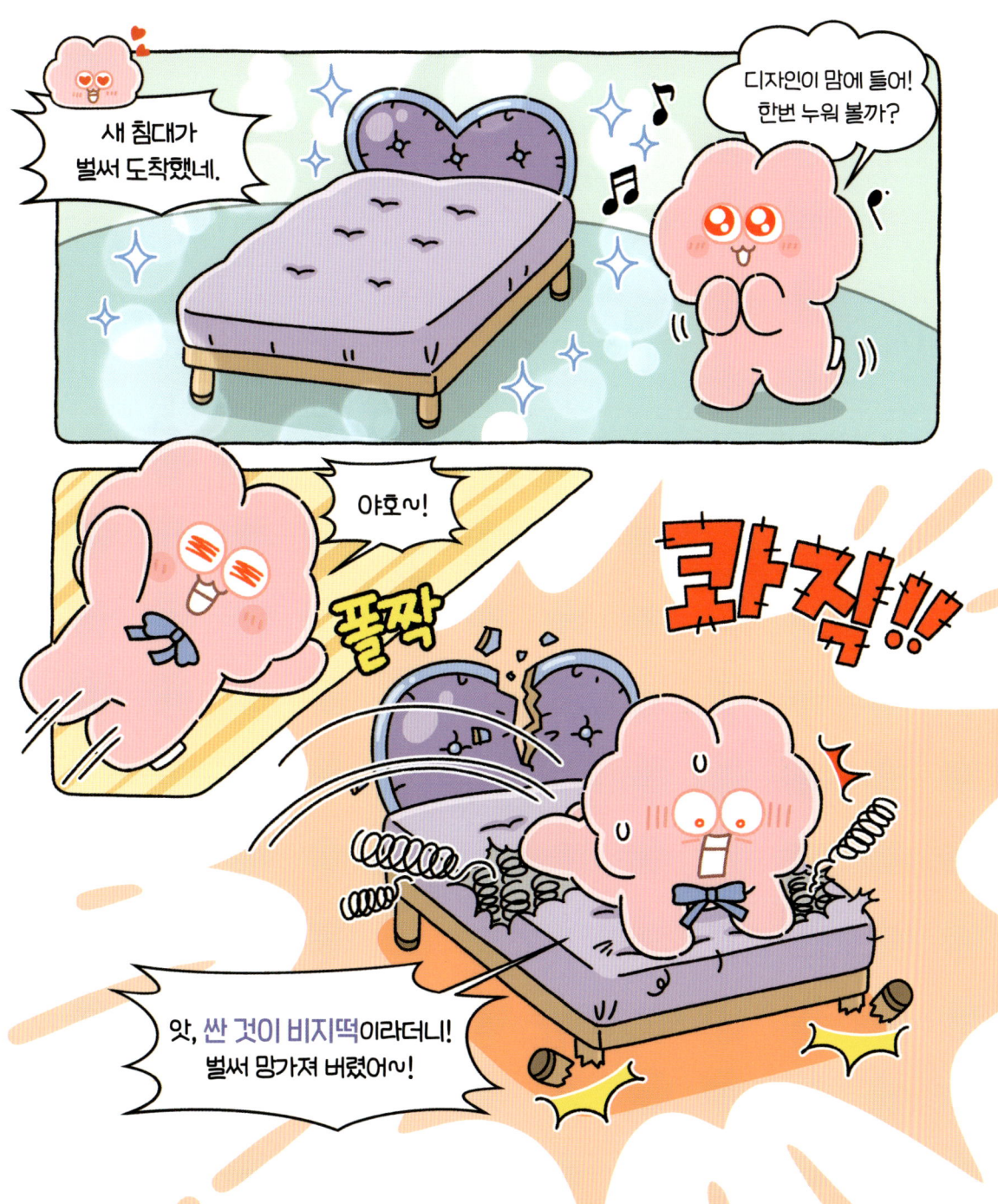

속담 더 알아보기

싼 것이 비지떡

 이 속담의 뜻은 뭐지 뭐지?!

'비지'는 콩으로 두부를 만든 후 남은 찌꺼기예요. 먹을 것이 귀했던 옛날에는 값싼 비지에 밀가루 등을 섞고 반죽하여 둥글넓적하게 부쳐 떡을 만들어 먹었는데, 이것이 바로 '비지떡'이랍니다. 즉, 이 속담은 값이 싼 물건은 그만큼 품질도 나쁘다는 뜻이지요.

같은 단어가 쓰인 속담을 알아볼까?

떡 떼어 먹듯

확실하게 딱 잘라 한다는 말

값도 모르고 싸다 한다

사정도 모르면서 함부로 떠든다는 말

 ## 빈칸에 속담을 써 보자!

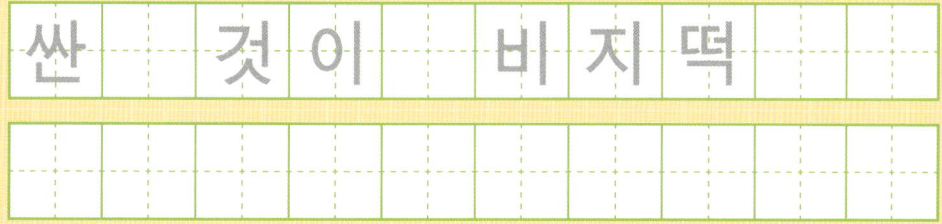

앓던 이 빠진 것 같다

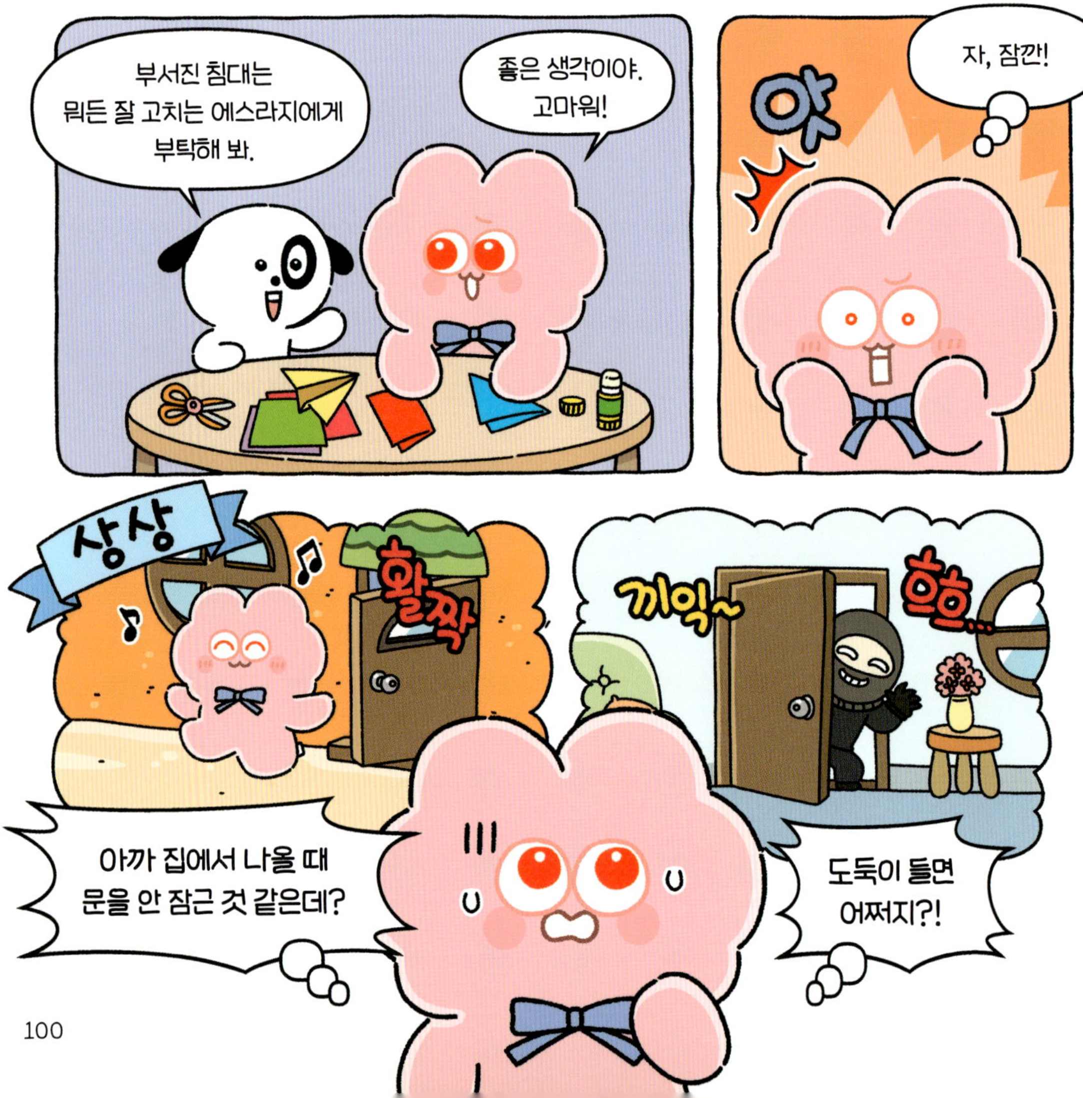

속담 더 알아보기

앓던 이 빠진 것 같다

 **이 속담의 뜻은 뭐지 뭐지?!**

아프고 신경 쓰이던 치아를 치료하고 나면 몸과 마음이 편안해지겠지요? 이렇듯 '앓던 이 빠진 것 같다'라는 속담은 신경 쓰이는 걱정거리가 사라져서 후련해짐을 뜻한답니다. 안 좋은 일을 상상한 지핑크가 두 눈으로 집 상태를 확인하고 안심한 것처럼 말이에요.

 **같은 단어가 쓰인 속담을 알아볼까?**

이 빠진 강아지 언 똥에 덤빈다
준비도 안 됐으면서 어려운 일에 일단 달려든다는 말

두부 먹다 이 빠진다
늘 방심하지 말고 조심하라는 말

 **빈칸에 속담을 써 보자!**

| 앓 | 던 | | 이 | | 빠 | 진 | | 것 |
| 같 | 다 | | | | | | | |

23화

울며 겨자 먹기

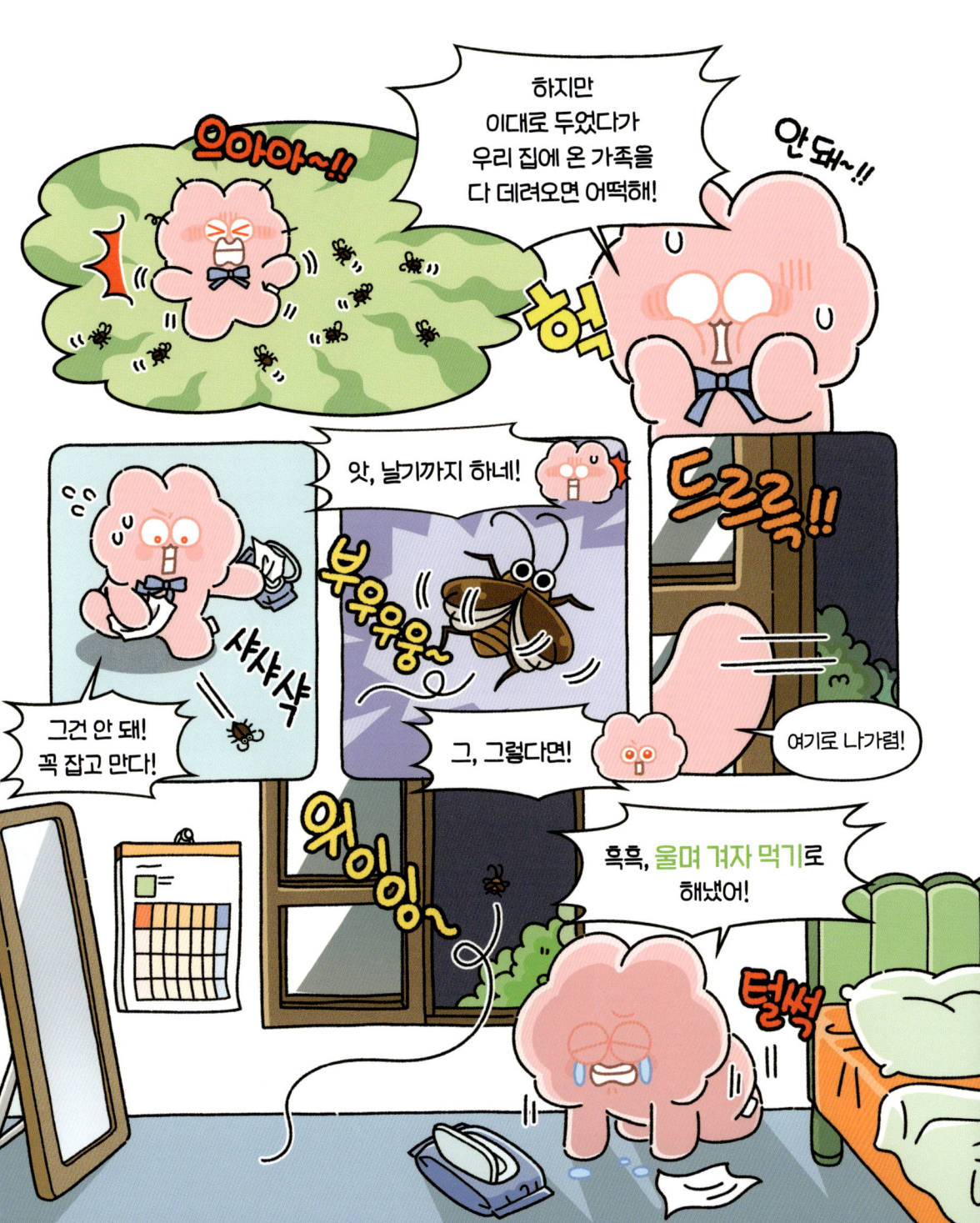

속담 더 알아보기

울며 겨자 먹기

 이 속담의 뜻은 뭐지 뭐지?!

'겨자'는 겨자씨로 만든 양념으로, 매운맛을 내요. 그런데 울면서 이를 먹는다는 것은 하기 싫은 것을 억지로 해낸다는 의미를 담고 있지요. 바퀴벌레를 마주친 지핑크가 무서워하면서도 벌레를 잡지 않으면 집 안에 벌레가 가득해질 것 같으니 억지로 벌레 쫓기에 나선 것처럼 말이에요.

 같은 단어가 쓰인 속담을 알아볼까?

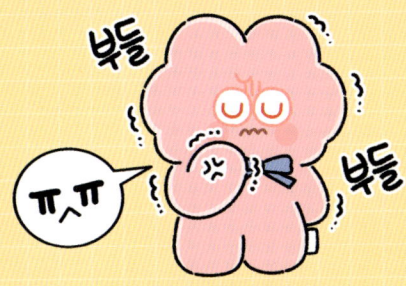

주먹이 운다

분해서 주먹으로 때리고
싶지만 참는다는 말

먹기 싫은 밥에 재나 뿌리지

자신이 싫다고 남도
못 하게 심술부린다는 말

 빈칸에 속담을 써 보자!

| 울 | 며 | | 겨 | 자 | | 먹 | 기 | | |
| | | | | | | | | | |

24화

자라 보고 놀란 가슴 솥뚜껑 보고 놀란다

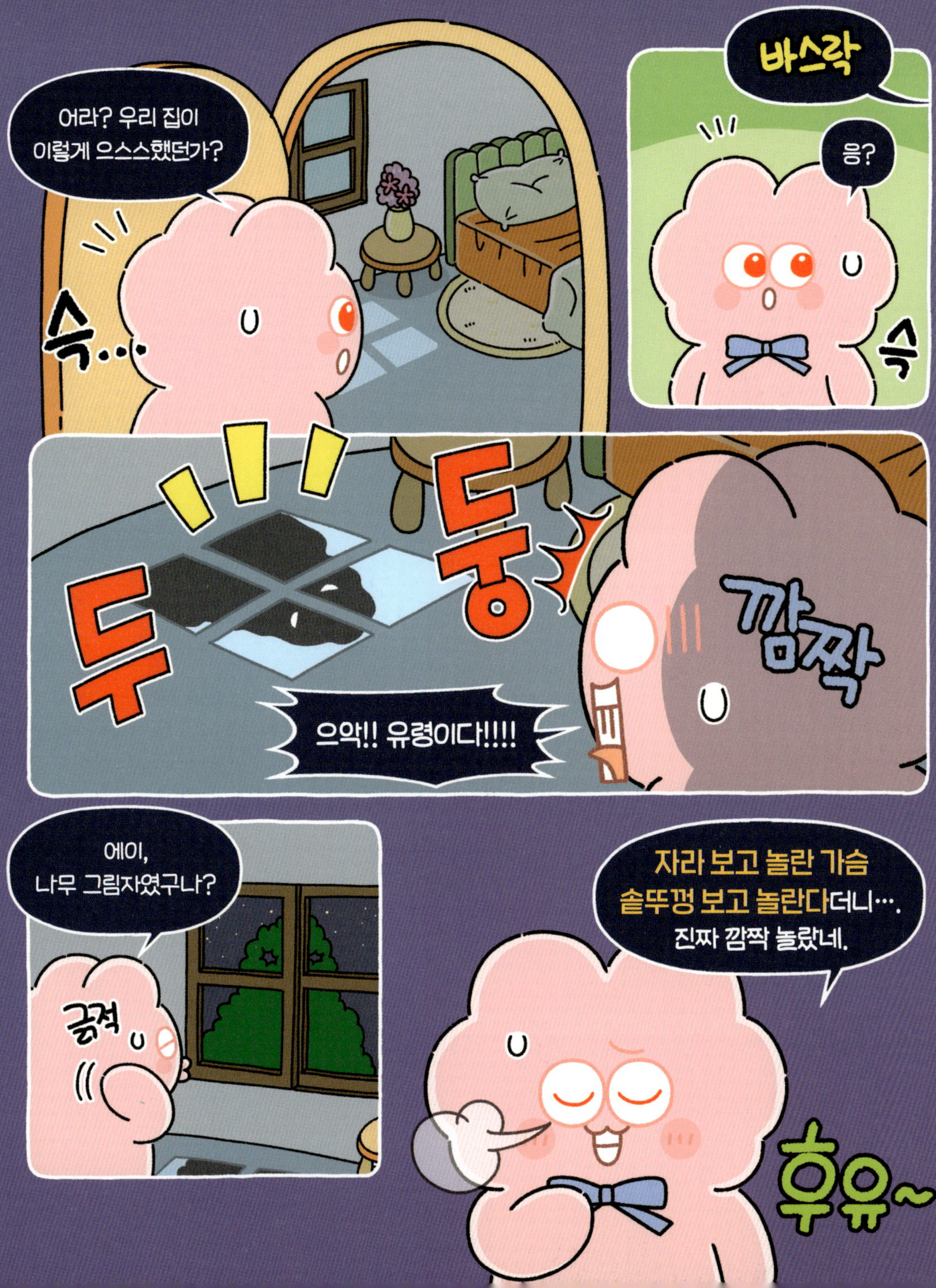

속담 더 알아보기

자라 보고 놀란 가슴 솥뚜껑 보고 놀란다

 **이 속담의 뜻은 뭐지 뭐지?!**

자라의 등딱지와 솥뚜껑은 둘 다 위로 솟은 반원 모양을 하고 있어, 서로 무척 닮았어요. 그래서 '자라 보고 놀란 가슴 솥뚜껑 보고 놀란다'는 속담이 생긴 것이에요. 즉, 어떤 것에 놀란 사람은 그 어떤 것과 비슷한 모양만 보고도 겁이 나서 깜짝깜짝 놀란다는 뜻이랍니다.

같은 단어가 쓰인 속담을 알아볼까?

*소댕으로 자라 잡듯
모양만 비슷한 다른 물건을
갖고 와서 딴소리한다는 말

노루가 제 방귀에 놀라듯
남몰래 저지른 일이 걱정되어
별것 아닌 것에도 깜짝 놀란다는 말

 빈칸에 속담을 써 보자!

자	라		보	고		놀	란		가
슴		솥	뚜	껑		보	고		놀
란	다								

* 소댕 솥뚜껑을 뜻하는 말.

콩으로 메주를 쑨다 하여도 곧이듣지 않는다

속담 더 알아보기

콩으로 메주를 쑨다 하여도 곧이듣지 않는다

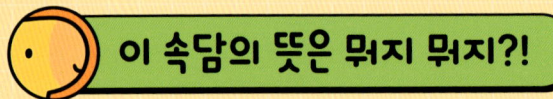
이 속담의 뜻은 뭐지 뭐지?!

'메주'는 콩을 삶아서 찧고 모양을 내어 말린 것이에요. 된장이나 간장 등을 담그는 재료로 쓰이죠. 그런데 메주를 콩으로 만든 것이라고 아무리 말해도 믿지 않으면 정말 답답하겠지요? 이처럼 이 속담은 아무리 사실 그대로 말해도 믿지 않는 모습을 뜻해요.

같은 단어가 쓰인 속담을 알아볼까?

콩에서 콩 나고 팥에서 팥 난다
모든 일은 원인에 따른 결과가
나타난다는 말

강아지에게 메주 멍석 맡긴 것 같다
못 믿을 사람에게 물건을
맡기고 걱정한다는 말

 **빈칸에 속담을 써 보자!**

콩	으	로		메	주	를		쑨	다
하	여	도		곧	이	듣	지		않
는	다								

* **멍석** 짚으로 만든 큰 깔개.

재미난 속담 퀴즈

 보기를 보고 빈칸에 들어갈 알맞은 단어를 골라 써 보세요.

1 콩으로 ☐☐를 쑨다 하여도 곧이듣지 않는다

2 ☐☐ 보고 놀란 가슴 ☐☐☐ 보고 놀란다

3 앓던 ☐ 빠진 것 같다

4 울며 ☐☐ 먹기

5 싼 것이 ☐☐☐

보기   겨자 / 이 / 솥뚜껑 / 자라 / 메주 / 비지떡

116

 **OX 퀴즈** 다음 설명이 맞으면 O, 틀리면 X를 고르세요.

'싼 것이 비지떡'은 남을 대놓고 의심한다는 뜻이에요.

'앓던 이가 빠진 것 같다'는 하기 싫은 것을 억지로 해낸다는 뜻이에요.

 **작대기 퀴즈** 다음 속담과 어울리는 그림을 서로 연결해 주세요.

먹기 싫은 밥에 재나 뿌리지 •   •

노루가 제 방귀에 놀라듯 •   •

* 정답 120쪽 *

재미난 속담 퀴즈 정답

28-29쪽

빈칸 퀴즈 보기를 보고 빈칸에 들어갈 알맞은 단어를 골라 써 보세요.

1. 나는 바람 풍 해도 너는 바람 풍 해라
2. 꾸어다 놓은 보릿자루
3. 구더기 무서워 장 못 담글까
4. 겉 다르고 속 다르다
5. 가는 날이 장날

보기) 구더기 / 풍 / 겉 / 보릿자루 / 장날 / 속

OX 퀴즈 다음 설명이 맞으면 O, 틀리면 X를 고르세요.

'겉 다르고 속 다르다'는 마음속으로는 내키지 않으나, 겉으로는 좋은 것처럼 행동한다는 뜻이에요. — O

'가는 날이 장날'은 어떤 일을 하려고 했는데, 뜻하지 않은 일이 우연히 일어난다는 뜻이에요. — O

작대기 퀴즈 다음 속담과 어울리는 그림을 서로 연결해 주세요.

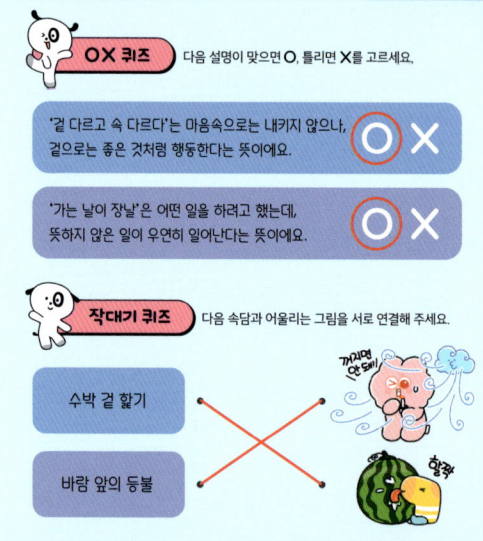

50-51쪽

빈칸 퀴즈 보기를 보고 빈칸에 들어갈 알맞은 단어를 골라 써 보세요.

1. 남의 잔치에 감 놓아라 배 놓아라 한다
2. 닭 쫓던 개 지붕 쳐다보듯
3. 될성부른 나무는 떡잎부터 알아본다
4. 닭 잡아먹고 오리발 내놓기
5. 낫 놓고 기역 자도 모른다

보기) 닭 / 낫 / 배 / 떡잎 / 개 / 감

OX 퀴즈 다음 설명이 맞으면 O, 틀리면 X를 고르세요.

'낫 놓고 기역 자도 모른다'는 아는 것이 아주 많다는 뜻이에요. — X

'닭 쫓던 개 지붕 쳐다보듯'은 공들이던 일이 허무하게 실패로 돌아갔다는 뜻이에요. — O

작대기 퀴즈 다음 속담과 어울리는 그림을 서로 연결해 주세요.

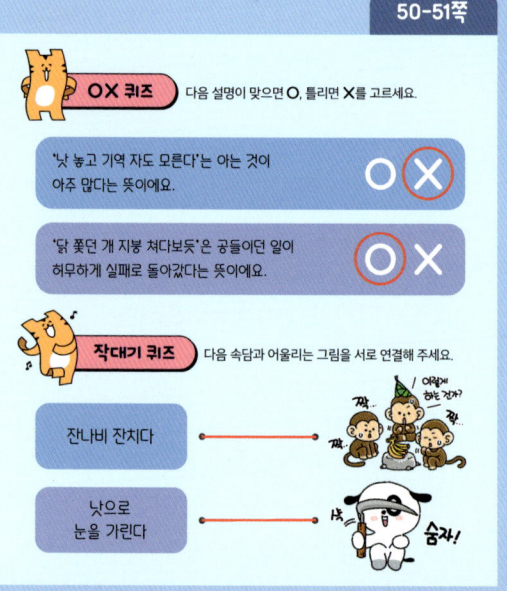

72-73쪽

빈칸 퀴즈
보기를 보고 빈칸에 들어갈 알맞은 단어를 골라 써 보세요.

1. 미꾸라지 한 마리가 온 **웅덩이** 를 흐려 놓는다
2. 뛰는 놈 위에 나는 **놈** 있다
3. **뱁새** 가 황새를 따라가면 다리가 찢어진다
4. 믿는 도끼에 **발등** 찍힌다
5. 못 먹는 **감** 찔러나 본다

보기 : 뱁새 / 놈 / 발등 / 감 / 웅덩이

OX 퀴즈
다음 설명이 맞으면 O, 틀리면 X를 고르세요.

- '믿는 도끼에 발등 찍힌다'는 자신의 편을 믿은 후 좋은 일이 생긴 상황을 뜻해요. O ⊗
- '못 먹는 감 찔러나 본다'는 자신이 갖지 못할 바에는 남도 못 갖게 망가뜨리는 마음을 뜻해요. Ⓞ X

작대기 퀴즈
다음 속담과 어울리는 그림을 서로 연결해 주세요.

- 뛰는 토끼 잡으려다 잡은 토끼 놓친다
- 제 앞에 큰 감 놓는다

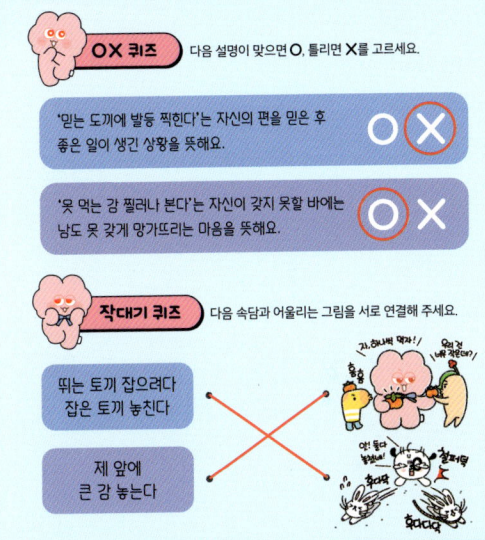

94-95쪽

빈칸 퀴즈
보기를 보고 빈칸에 들어갈 알맞은 단어를 골라 써 보세요.

1. 번갯불에 **콩** 볶아 먹겠다
2. **빛** 좋은 개살구
3. 서당 **개** 삼 년에 풍월을 읊는다
4. **소** 뒷걸음질 치다 **쥐** 잡기
5. **순풍** 에 돛을 단 배

보기 : 순풍 / 개 / 쥐 / 빛 / 소 / 콩

OX 퀴즈
다음 설명이 맞으면 O, 틀리면 X를 고르세요.

- '빛 좋은 개살구'는 겉보기만 그럴듯하고 쓸데없는 경우를 뜻해요. Ⓞ X
- '순풍에 돛을 단 배'는 일이 순조롭게 진행되지 않음을 뜻해요. O ⊗

작대기 퀴즈
다음 속담과 어울리는 그림을 서로 연결해 주세요.

- 번개가 잦으면 천둥을 한다
- 소 가는 데 말도 간다

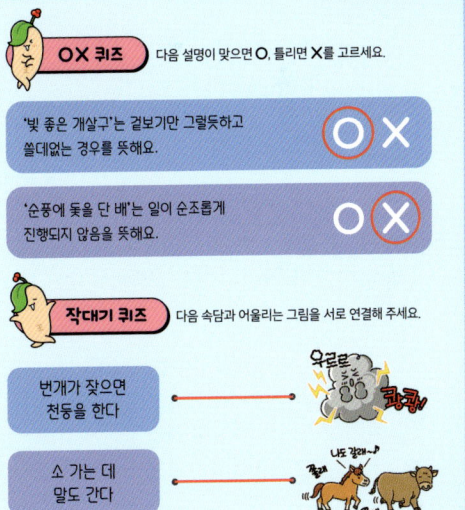

116-117쪽

빈칸 퀴즈
보기를 보고 빈칸에 들어갈 알맞은 단어를 골라 써 보세요.

1 콩으로 메주를 쑨다 하여도 곧이듣지 않는다
2 자라 보고 놀란 가슴 솥뚜껑 보고 놀란다
3 앓던 이 빠진 것 같다
4 울며 겨자 먹기
5 싼 것이 비지떡

보기: 겨자 / 이 / 솥뚜껑 / 자라 / 메주 / 비지떡

OX 퀴즈
다음 설명이 맞으면 O, 틀리면 X를 고르세요.

'싼 것이 비지떡'은 남을 대놓고 의심한다는 뜻이에요. ⓞ ⓧ

'앓던 이가 빠진 것 같다'는 하기 싫은 것을 억지로 해낸다는 뜻이에요. ⓞ ⓧ

작대기 퀴즈
다음 속담과 어울리는 그림을 서로 연결해 주세요.

먹기 싫은 밥에 재나 뿌리지 —
노루가 제 방귀에 놀라듯 —

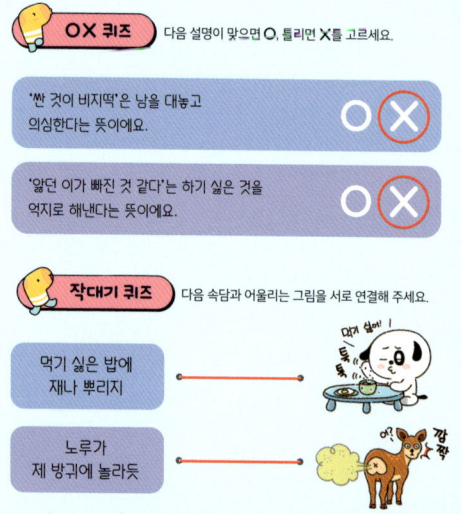

모지모지 친구들의 다른 이야기도 기대해 주세요!